Christina Kessler
Birgitt und Werner Knubben

Wie groß ist deine Liebe, wie hoch ist dein HQ?

Christina Kessler
Birgitt und Werner Knubben

Wie groß ist deine Liebe, wie hoch ist dein HQ?

Der Test zu den 33 Herzensqualitäten nach Dr. Christina Kessler mit
99 Fragen zu deiner Liebesintelligenz und Lebenskompetenz

Alle Angaben in diesem Buch wurden von den Autoren mit Sorgfalt recherchiert und zusammengestellt. Für die Richtigkeit der Angaben kann jedoch keine Haftung übernommen werden. Für Hinweise und Anregungen sind wir dankbar.

Besuchen Sie uns im Internet:
www.gmeiner-verlag.de

Im Ehnried 5, 88605 Meßkirch
Telefon 07575/2095-0
info@gmeiner-verlag.de

1. Auflage 2024

Lektorat/Redaktion: Isabell Michelberger
Layout/Herstellung, Umschlaggestaltung: Florian Gmeiner
unter Verwendung eines Aquarells: © Charlotte Krämer
HQ-Affirmationen: © Sabine Langenscheidt
aus CID-Abschlussarbeit bei Christina Kessler

Druck: CPI books GmbH, Leck
Printed in Germany
ISBN 978-3-7801-5011-0

Inhalt

Vorwort

Du hältst dieses Buch in der Hand, vielleicht hast du es geschenkt bekommen, vielleicht hast du es selbst ausgesucht, vielleicht hat es dich auf geheimnisvolle Weise gefunden.

Wie groß ist deine Liebe? Wie groß ist die Liebe überhaupt? Das erfährst du in diesem Herzenstest. Die Vielfalt der Liebe, ihre Facetten, ihre Qualitäten kannst du hier kennenlernen und dabei kannst du selbst, so du bereit bist, dich fragen lassen, wie groß deine Begabungen in der Liebe zu dir selbst, zu den Menschen und zum großen Ganzen sind.

Wir versprechen dir, dass die Liebe selbst zu dir sprechen, dich locken, weiten und beschenken wird.

Diesem Test liegt das Buch »Herzensqualitäten – Die Intelligenz der Liebe« von Dr. Christina Kessler zugrunde.

Als Ethnologin, Wegbereiterin der New Anthropology entwickelte sie ein Grundlagenwerk des Ganzheitlichen Bewusstseins, dessen Herzstück die 33 Herzensqualitäten als Ausdruck und Facetten der Liebe sind.

Christina Kessler versteht die Herzensqualitäten als einen Wertekanon, ein verbindendes, globales Wertesystem, mit dem sich jeder Mensch, welcher Nation, Kultur oder Religion er auch angehören mag, identifizieren kann. Diese universelle Ethik stellt die Würde des Menschen in den Mittelpunkt, ungeachtet seiner Herkunft, Abstammung oder Bildung. Sie ist die Basis und Voraussetzung für dauerhaften Frieden.

Birgitt und Werner Knubben

Herzensqualitäten – Tore zum Innenraum

Wenn ich Herzensqualitäten sage, meine ich Eigenschaften, die früher als Tugenden bezeichnet wurden, Paracelsus hatte von Virtus gesprochen: verbindende Eigenschaften, die uns befähigen, das Leben, uns selbst und die anderen liebevoll anzunehmen, aus Leid zu lernen, unter allen Umständen zu wachsen, Negatives in Positives und Schmerz in Freude zu verwandeln; Eigenschaften, die dem Leben taugen, denn »Tugend« kommt von »taugen«. Für mich sind Herzensqualitäten die Facetten der Liebe, Tore zum Innenraum und gleichzeitig Ausdruck der inneren Werte, sichtbar gewordene Ethik. Da alle Qualitäten Aspekte des Einen – der Liebe – darstellen, sind in jeder einzelnen alle anderen als Information enthalten In ihrer Gesamtheit bilden sie ein dynamisches Mandala, das im universellen Rhythmus des Werdens und Vergehens pulsiert. Wer liebt, lässt sie lebendig werden. Zwar ist die Liebe von Anbeginn vorhanden, doch sie will erkannt und gelebt werden, um sein zu können.

In der Praxis heißt das: Wann immer wir eine Herzensqualität aktivieren, bewirken wir damit die direkte Anbindung an unseren innersten Wesenskern. Gleichzeitig stehen die Herzensqualitäten in einem folgerichtigen Zusammenhang: Ein Tor führt auf gesetzmäßige Weise zum nächsten, um den Zugang zu immer neuen Fähigkeiten und Bewusstseinsräumen zu eröffnen. Gemeinsam stellen sie die typischen Stationen der Heldenreise dar.

So beginnt der Weg mit der Qualität der Bereitschaft, ihn überhaupt zu gehen. Von dort gelangen wir zur Lebensbejahung. Es folgen Wahrhaftigkeit, Mut, Willenskraft, Akzeptanz, Selbstachtung und Selbsterkenntnis. Dann bewegen wir uns in Richtung Verantwortung, Vergebung, Integrität weiter. Offenheit, Disziplin, Gehorsam und Demut brauchen wir, um die Schwelle zum Transpersonalen zu überschreiten. Aufmerksamkeit, Achtsamkeit, Konzentration, Balance und Geduld, wenn der Weg zurückführt in die Alltagswelt, wo Kommunikation, Freundschaft, Mitgefühl, Toleranz, Wertschätzung und Humor geübt werden wollen. Dadurch leisten wir einen wertvollen Beitrag zum Frieden. Hingabe, Bedingungslosigkeit und Freiheit werden jetzt erst möglich. Das letzte Tor führt zur Dankbarkeit, in einen Zustand jenseits von Absicht und Wollen, in den alle vorhergehenden Tugenden integriert werden und der gleichzeitig das Tor zu einem neuen Zyklus öffnet.

Es ist ein Weg, der niemals aufhört, denn die Dankbarkeit stellt nur den Übergang zu einer neuen Form der Bereitschaft dar. Motiviert durch die Kraft des Eros oder der Kundalini, folgt dieser Weg einer natürlichen Wachstumsspirale.

Rational sind diese Zusammenhänge kaum zu beschreiben, ebenso wenig lassen sie sich wissenschaftlich beweisen. Die innere Gesetzmäßigkeit der Herzensqualitäten wird nur über ihre Auswirkungen erfahrbar. Folglich können sie nur wild gedacht werden und bedürfen der Symbolsprache. Um das Undenkbare denken zu können, habe ich von der Zahlensymbolik oder Numerologie Gebrauch gemacht. So reflektieren die 33 Eigenschaften den inneren Charakter der Zahlen, denen sie zugeordnet sind. Zudem steht die 3 für persönliche Ganzheit, die 33 für kollektive Ganzheit oder »Familie«.

Was nun bewirken diese Eigenschaften? Durch gelebte Tugenden schwingen wir uns in die kosmische Ordnung ein und durchschreiten dabei drei Ebenen der Befreiung, Bewusstwerdung und Verwirklichung:

Die erste Ebene, bestehend aus den ersten 11 Eigenschaften, befähigt, mit dem Herzen zu hören. Wir entwickeln Intuition, wildes Denken. Wer die erste Ebene gemeistert hat, identifiziert sich nicht mehr mit Vorstellungen, Überzeugungen und Konditionierungen und hat sich von dem Hang zu projizieren befreit. Dadurch schafft er keine Feindbilder und unfreie Bindungen mehr. Er folgt seiner inneren Stimme, ist wahrhaftig und lebensbejahend und setzt seine Willenskraft dafür ein, die volle Verantwortung für das eigene Leben zu übernehmen. Er kennt sich selbst, seine Stärken und Schwächen, und scheut sich nicht, sein Licht leuchten zu lassen.

Auf der zweiten Ebene, die bis zur 22. Qualität führt, gehen Herz und Verstand eine unlösbare Verbindung ein. Man entwickelt, was Buddhisten »unterscheidende Weisheit« nennen, indem man kontinuierlich versucht, den persönlichen Willen mit dem Geist des Ganzen (Dharma, Dao) – der Liebe

– in Einklang zu bringen. Wer diese Ebene gemeistert hat, ist mit seinem Wesenskern verbunden und erfährt tiefes Urvertrauen.

Auf der dritten Ebene entwickelt sich – Hand in Hand mit dem kosmischen Bewusstsein – die soziale Intelligenz. Das intuitiv Erfasste und intellektuell Überprüfte wird konsequent verwirklicht. Man erreicht dadurch nicht nur die eigenen Ziele, man dient überdies einer Sache, die größer ist als man selbst. Ein solches Dienen ist längst kein Opfer mehr, es hat nichts mit Verzicht zu tun, sondern entsteht aus einem immensen inneren Überfluss heraus. Man befindet sich an der Quelle und wird ununterbrochen von ihr gespeist.

Genau in der Mitte (17) befindet sich die Demut. An dieser Stelle findet der Sprung ans andere Ufer statt: Aus Erkenntnis wird Hingabe. Sobald sich unser kleines Ich dem kosmischen Bewusstsein anvertraut: »Dein Wille geschehe«, gibt es sich im Gegenzug uns hin. Wir erkennen das unterschiedslose Wesen des Einen-Ganzen.

Herzensqualitäten sind die Werte, nach denen wir uns alle sehnen und immer gesehnt haben – die Aspekte einer natürlichen Ethik, die nicht mehr von außen aufgezwungen wird, die, ganz im Gegenteil, aus dem Herzen der Menschheit erwächst. Sie sind unmittelbarer Ausdruck von Menschlichkeit und bilden die Grundlage für ein friedliches, von gegenseitiger Achtung geprägtes Miteinander. Ob als »Ideen« oder in realisierter Form, sie stehen für die Stationen eines Weges auf des Messers Schneide, der uns lehrt, alles Überflüssige, alle konstruierten Ängste, alle selbst auferlegten Begrenzungen, Konditionierungen und Widerstände loszulassen und sich immerfort auf das Eine – das Wahre, Gute und Schöne – auszurichten. Um letztlich alles Negative und Zerstörerische zu verwandeln. Solve et coagula – Löse und verbinde. So lange, bis nur noch Allverbundenheit übrig bleibt. Liebe!

Es gibt keinen anderen Weg zur Liebe als die Liebe. Die Liebe ist der Weg. Dieser Weg muss von jedem einzelnen beschritten werden. Von dir und von mir. Wir tragen die Verantwortung dafür. Ohne Liebe gibt es keine Bewusstheit und ohne Bewusstheit kein Glück. Es ist die Liebe mit ihren Herzensgaben, die uns die Augen öffnet, damit wir die Wirklichkeit in ungetrübter Klarheit betrachten können. Sie öffnet unser Herz, damit wir die Wahrheit erkennen. Herzensqualitäten entfachen Sinne und Empfindungen und lassen sie im Genuss und in der Freude erglühen. Sie nähren unsere Gefühle. Sie lassen uns schmecken, was uns guttut. Sie lassen uns den Duft der Schönheit und den Klang der Verbundenheit wahrnehmen, den Atem des Lebens spüren.

Christina Kessler

Zitate aus den Büchern:
33 Herzqualitäten: Die Intelligenz der Liebe, Berlin, S. 41
Wilder Geist – Wildes Herz: Kompass in stürmischen Zeiten, Bielefeld, S. 145–149

Anleitung

Unter den 99 Fragen sind jeweils 3 Herzen, ein leeres, ein halb gefülltes und ein volles Herz. Welches Herz geht mit der gestellten Frage in Resonanz? Am Ende des Testes kannst du die halben und vollen Herzen zusammen zählen und in der »EINSICHT« sehen, wie groß deine Liebe ist. Die Auswertung des Herzenstestes kann auch als Kopiervorlage dienen, sodass auch andere, etwa dein Partner, deine Partnerin sich einschätzen können.

Übrigens: Es geht jetzt nicht um Schnelligkeit und besonders rasche Auffassungsgabe und auch nicht darum, dass du das bestmögliche Testergebnis erreichst, sondern um

wahre Einsicht.

Erste Ebene

Mit dem Herzen hören – Befreiung von geistigen Begrenzungen

1. BEREITSCHAFT
2. BEJAHUNG
3. WAHRHAFTIGKEIT
4. MUT
5. WILLENSKRAFT
6. AKZEPTANZ
7. SELBSTACHTUNG
8. SELBSTERKENNTNIS
9. VERANTWORTUNG
10. VERGEBUNG
11. INTEGRITÄT

1. BEREITSCHAFT

Bereitschaft macht uns zu einem Gefäß, in das die Fülle des Lebens und der Liebesintelligenz einströmen kann. Bewusst bereitet sie der Weisheit einen Raum.

Ich bin bereit.
Bewusst bereite ich
Liebe und Weisheit einen Raum.

1. »Alles beginnt mit der Sehnsucht« (Nelly Sachs)
   Bist du mit der Sehnsucht in dir bereits in Kontakt gekommen?

2. Bist du bereit, nach innen zu schauen und der Stimme deines Herzens zu folgen?

3. Bist du bereit, dich der Intelligenz des Lebens zu stellen?

2. BEJAHUNG

Die Entscheidung für das Ja ist ein radikaler Beschluss, die Wegrichtung im Leben zu verändern. Sie bedeutet die Rückkehrung zur Mitte, von der wir uns so weit entfernt haben, um aus ihr heraus das Leben zu gestalten.

Ich lade das Leben ein.
Ich entfalte die universelle Ordnung
in mein Dasein.
Ich habe die freie Wahl, und
deshalb entscheide ich mich für
Wahrheit, Liebe und Freude.
Ich kann.

4. »Ja ist der Herzschlag des Lebens!«
   Hast du im Großen und Ganzen eine positive Einstellung zum Leben?

5. Kannst du zu dir und deinem Leben ein klares Ja sagen?

6. Ist dir bewusst, dass daraus sowohl die Fähigkeit zu entschiedenem Ja zu Liebe, Wahrheit und Freude erwächst als auch zu entschiedenem Nein gegenüber Lieblosigkeit, Gewalt und Zerstörung?

3. WAHRHAFTIGKEIT

Authentisch sein kommt einem Selbstbekenntnis gleich. In ihm erheben wir die Stimme unseres Herzens zu unserer höchsten Autorität und beginnen, uns von Meinungen, Erwartungen und Forderungen anderer unabhängig zu machen. Die vielen verschiedenen Stimmen, die sonst in unserem Inneren raunen, werden leiser – und allmählich können wir das Flüstern der Wahrheit vernehmen.

Die Stimme meines Herzens
ist meine einzige Autorität.

7. Fühlst du dich weitgehend unabhängig von Ansprüchen, Erwartungen, Meinungen anderer und erkennst du, dass ständiges Vergleichen nichts als ein Irrweg ist?

8. Ist dir bewusst, dass die höchste Autorität weder in Dogmen, Vorschriften und Indoktrinationen zu finden ist, sondern ausschließlich in dir selbst?

9. Spürst du aus dir selbst heraus, was wahr ist, heil ist und ganz?

4. MUT

Echte, aus dem Inneren kommende Träume gehen immer mit hohen Idealen einher. Sie verlangen danach, dass wir all unsere Fähigkeiten, Talente und natürliche Anlagen, ja, unser gesamtes Potenzial leben, uns voll einbringen und ausdrücken, uns nicht mehr verstecken hinter althergebrachten Vorstellungen.
In unseren tiefsten Träumen liegt die höchste Macht verborgen. Sie geben uns die Energie zum Weitergehen und erfüllen unser Sein und Tun mit Sinn, Begeisterung und Leidenschaft.

Ich folge meiner höchsten Vision.
Ich verwirkliche meine Träume.
Ich lebe meine Ideale.

10. Inwieweit hast du die Angst überwunden, dich mit deinem dir gegebenen Potenzial zu zeigen und dein Licht leuchten zu lassen?

11. Hast du den Mut, gegen alle Widerstände dich für dein höchstes Ideal einzusetzen und es mit Begeisterung und Leidenschaft zu verwirklichen?

12. Bist du mutig genug, Missständen und Ungerechtigkeiten proaktiv zu begegnen und dich aktiv für die Überwindung von Leid und Not einzusetzen?

5. WILLENSKRAFT

Jeder Mensch hat ein ganz spezielles, einzigartiges Bündel von natürlichen Anlagen, Fähigkeiten und Talenten. Dieses Potenzial zu leben, dafür sind wir auf der Welt. Bewusster Wille ist eine lebendige Kraft, die mit Entschlossenheit und Zielstrebigkeit einhergeht. Erst der Wille verleiht Handlungsbereitschaft und Ausdauer. Diese Eigenschaften sind wichtig, um über sich selbst hinauszuwachsen und etwas im Leben zu vollbringen, was man sich bis dahin vielleicht nicht zugetraut hätte.

Ich nehme meinen
Platz im Ganzen ein.
So will ich es,
und so sei es.

13. Ist dein Wille auf lebensfördernde Ziele ausgerichtet?

14. Verfügst du über die Willenskraft, deinen dir bestimmten Platz im Ganzen mit Entschlossenheit einzunehmen?

15. Kannst du erkennen, was das Leben von dir will?

6. AKZEPTANZ

Sich allem zu stellen, heißt: dem, was der Augenblick bringt, unbeirrt ins Auge zu schauen; sich weder abwenden noch fliehen, sondern stehen bleiben – egal, was wir erblicken, egal, wie unangenehm es sich anfühlt, egal, wie überwältigend oder herausfordernd es sein mag. Tun wir dies, verwandeln wir Schwächen in Stärken, Verwirrung in Klarheit, Ängste in Vertrauen, Wut in Gelassenheit, Mangel in Fülle.

Ich nehme die Herausforderungen
des Lebens an.
Ich bin einverstanden
mit dem Augenblick.

16. Fällt es dir schwer oder leicht, auf Selbstmitleid, Jammern und den Drang zu be- und verurteilen zu verzichten?

17. Kannst du dich dem stellen, was der Augenblick dir bringt, ohne dich abzuwenden oder zu fliehen?

18. Vertraust du darauf, dass sich Schwächen in Stärken, Verwirrung in Klarheit und Mangel in Fülle verwandeln können?

7. SELBSTACHTUNG

Selbstachtung ist Ausdruck der Liebe zu mir selbst, der Wertschätzung dessen, was ich bin. Wollen wir vollständige Ganzheit erreichen, müssen wir es uns wert sein, uns selbst zu lieben. Selbstachtung ist die Fähigkeit, das eigene Sein zu feiern. Liebe beginnt bei mir selbst. Nur von hier aus kann sie sich weiter ausbreiten.

Ich bin ich und niemand anderer.

Ich achte mich selbst,
indem ich meiner inneren Stimme folge.

19. Du lässt dich nicht mehr von Manipulation, Bewertung und Beleidigung verunsichern?

20. Du bist es dir wert, für dich ganz und gar einzustehen?

21. Du kannst dich selbst lieben und achten und dich von Herzen über dich freuen?

8. SELBSTERKENNTNIS

Selbsterkenntnis wird möglich, indem ich nicht wie gewohnt zuerst nach außen blicke und bei anderen die Ursache für mein Wohl- oder Unwohlsein suche, sondern indem ich bei mir selbst anfange, und zwar dort, wo ich mich im Augenblick befinde. Ich erkenne mich selbst, indem ich meine Gesinnung immer wieder »infrage stelle«: Was will ich wirklich? Entspricht das, was ich tue, der Wahrheit?

Bevor ich meinen Blick nach außen wende,
schaue ich nach innen.
Ich fange bei mir selbst an.

22. Wie stark bist du dir deiner Gedanken, Gefühle und Projektionen bewusst?

23. Erkennst du Licht und Schatten in dir?

24. Bist du in der Lage, in ständiger Klärung bei dir selbst zu beginnen und dich auf Liebe, Wahrheit und Freude auszurichten?

9. VERANTWORTUNG

Selbstverantwortung wurzelt in der Anerkennung der Tatsache, dass ich selbst der Schöpfer meiner Lebenssituation und meines Erlebens bin.

Ich übernehme hier und jetzt
die volle Verantwortung für mein Handeln
und für die Konsequenzen meines Handelns.
Ich übernehme jetzt, in der Gegenwart,
die Verantwortung für alles,
was in meiner Vergangenheit geschehen ist.
Verantwortungsvoll nutze ich
mein eigenes unermessliches Potenzial.
Ich bin der Schöpfer meiner Wirklichkeit.

25. Übernimmst du die volle Verantwortung für dich und dein Leben gestern und heute – mit allen Konsequenzen, die daraus erfolgen?

26. Gehst du verantwortungsvoll mit deinem kreativen Potenzial um und nutzt es zum Wohle des Ganzen?

27. Ist dir klar, dass du selbst Mitschöpfer deiner Wirklichkeit bist?

10. VERGEBUNG

Vergebung schenkt nicht nur mir selbst die Freiheit von geistigen Begrenzungen. Indem ich verzeihe, gebe ich alle Beteiligten aus dem gemeinsam errichteten Netz der Verstrickung frei. Belastungen müssen nicht weiter getragen werden; die Bühne des Lebens wird frei für den nächsten Akt.

Ich löse mich von der Vergangenheit,
indem ich vergebe.

28. Hast du Einsicht in deine eigene Beteiligung bei einem Geschehen durch dein Tun oder Unterlassen?

29. Bist du fähig, Altes loszulassen und dich vom Trennenden, Negativen, Dunklen, Zerstörerischen zu lösen und ins Verbindende, Positive, Helle und Heile zu gehen?

30. Kannst du vergeben mit Herz und Verstand und darin Erlösung für alle Beteiligten erkennen?

11. INTEGRITÄT

Integrität ist die Fähigkeit der Verbindlichkeit. Deshalb wird sie mit Gerechtigkeit, Aufrichtigkeit und Fairness assoziiert. So steht ein integrer Mensch mit beiden Beinen auf der Erde und genießt gleichzeitig den Kontakt »nach oben«. Er empfindet sich als aktives Bindeglied von Wahrheit und Wirklichkeit, und das verleiht ihm Sicherheit, Weisheit, Orientierung und Kraft.

In meinem Herzen bin ich mit dem
Ganzen verbunden.
Im Juwel meines Herzens ruht das gesamte
Universum.
Hier bin ich eins.
Eins mit ALLEM und eins mit meiner Kraft.

31. Weißt du um deinen göttlichen Funken in dir?

32. Weißt du dich ausgestattet mit weiblichen und männlichen Energien, mit Herz und Verstand, mit Intuition und Intellekt und weißt du damit umzugehen?

33. Weißt du dich verbunden mit den Kräften der Erde und der inneren Ordnung des Ganzen?

Zweite Ebene

Verbindung von Herz und Verstand

12. KLARHEIT
13. VERTRAUEN
14. OFFENHEIT
15. DISZIPLIN
16. GEHORSAM
17. DEMUT
18. AUFMERKSAMKEIT
19. ACHTSAMKEIT
20. KONZENTRATION
21. BALANCE
22. GEDULD

12. KLARHEIT

Alles Überflüssige entfällt. Wir werden wesentlich, bringen die Dinge auf den Punkt. Die Sinne sind geschärft, die Gedanken ruhig wie ein Bergsee. Nun können wir auf den Grund schauen.

In meinem Herzen sprudelt
die Quelle der Weisheit.
Ihr allein schenke ich Gehör.
Das Gewissen ist mein einziger Maßstab.
Es gibt unendlich viele Wirklichkeiten,
aber nur eine Wahrheit.
Wirklichkeiten sind willkürlich und vergänglich.
Die Wahrheit dagegen ist universal und ewig
gültig.

34. Bist du mit der Quelle der Weisheit in deinem Herzen verbunden?

35. Nimmst du den Weg an, der dir gezeigt wird, und folgst du der Stimme deines Gewissens?

36. Sind Einfachheit und Klarheit Maximen, für die es sich lohnt, auf Konsum zu verzichten?

13. VERTRAUEN

Wir wissen uns von einer unsichtbaren Ordnung geführt. Wir werden geliebt von etwas, das größer ist als wir selbst. Wir fühlen uns beschützt, geborgen in den Elementen, genährt und getragen von der Lebensenergie. Wir empfinden uns nicht länger als ein vom Rest der Welt getrenntes Ich. Vielmehr erfahren wir uns eingebettet in ein Ganzes von unbeschreiblicher Süße, das uns Vater und Mutter zugleich ist. Alles ist in Ordnung, alles ist richtig, so wie es ist.

Das Vertrauen in die Führung
des Herzens
schenkt mir Urvertrauen.

Urvertrauen ist Selbstvertrauen.

37. Fühlst du dich beschützt, getragen, geborgen von etwas das größer ist als du selbst?

38. Vertraust du darauf, dass die Kraft, »die die Welt im Innersten zusammenhält« (J.W. von Goethe), auch in dir wirkt?

39. Kennst du den Ruhepunkt in dir, wo dein Selbstvertrauen gründet?

14. OFFENHEIT

Offenheit ist gleichbedeutend mit Empfänglichkeit: Ich bin empfänglich für die Wahrheit, für die Wirklichkeit, die anderen Menschen, die Natur, alle Wesen und Wesenheiten, für die Erde und das Universum, den Kosmos, für grenzenloses Bewusstsein, für die Liebe.

Was auch immer mir
in der Welt des Wandels
begegnen mag –
ich halte mein Herz offen.
Ich blicke dem Neuen in die Augen
und atme mich in es hinein, bis ich
Wahrheit, Liebe und Freude empfinde.

40. Bist du offen genug zu zeigen, wer du wirklich bist?

41. Kennst du das Phänomen, einem Fremden mit einem Lächeln zu begegnen, als ob du ihn schon ewig kennen würdest?

42. Hältst du dein Herz offen für das, was immer in der Welt des Wandels auf dich zukommt?

15. DISZIPLIN

Ständige Ausrichtung bedeutet, sich immerfort an Ganzheit und grenzenlose Offenheit zu erinnern und in der Klarheit dieser Absicht zu bleiben; stets in Übereinstimmung mit der Wahrheit zu handeln; all unser Denken und Tun aus einer tiefen Liebe zu uns selbst und zum Ganzen erwachsen zu lassen; auf alles zu verzichten, was falsch, unwahr, unauthentisch, lieblos und freudlos ist.

Ich will denken.
Ich will fühlen.
Ich will handeln.
Ich will der Sehnsucht
nach Vollkommenheit folgen.

43. Kannst du verzichten auf das, was falsch ist, was ohne Liebe ist und ohne Freude?

44. Kannst du dich ohne Wenn und Aber ausrichten auf deine innere Stimme, die in Wahrheit, Liebe und Freude zu dir spricht?

45. Kannst du die Disziplin aufbringen, dich aktiv durch Denken, Fühlen und Handeln im Fluss der Lebensenergie zu halten?

16. GEHORSAM

Gehorsam – gehorchen – kommt von hören: »Geh und horche!« Es ist die geistige Fähigkeit, die innere Stimme wahrzunehmen und ihr zu folgen.
Wer konsequent der inneren Stimme folgt – ohne Vorlieben und ohne Abneigungen –, muss sich nicht länger um Disziplin bemühen. Er ist leidenschaftlich gerne diszipliniert. Denn er sieht in Disziplin und Gehorsam nicht nur eine immense Chance, sondern bezieht auch die Kraft aus ihnen, Negatives nach Belieben verwandeln zu können.

Lenke Du, innere Stimme
meine Gedanken,
mein Fühlen und mein Tun,
damit ich die höchste Vorstellung
von mir selbst sein kann
und in allem das Richtige tue.

46. Hörst du die universelle Botschaft, die in deinem Herzen tönt?

47. Gehorchst du deinem Herzen, sodass dein Tun aus der Übereinstimmung der impliziten Ordnung des Ganzen erwächst?

48. Gelingt es dir, dem Wahren, dem Guten und dem Schönen Wegbereiter zu sein?

17. DEMUT

Demut ist der Mut, sich dem Willen der Liebe und dem Drang der impliziten Ordnung zu überlassen; der Mut, meinen individuellen Willen mit dem kosmischen Willen in Einklang zu bringen. Das Zusammenspiel von individuellem Willen und göttlichem Willen ist das, was Schöpfung ausmacht. Die innere Stimme signalisiert durch Freude, ob und wann diese Verbindung stattfindet und wie stark sie ist.

Der kosmische Wille geschehe
wie in der Wahrheit
so in der Wirklichkeit.

49. Ahnst du den großen Zusammenhang, in dem du stehst?

50. Hast du den Mut, dich der alles durchdringenden Ordnung zu überlassen?

51. Kannst du es sagen: »Dein Wille geschehe!«?

18. AUFMERKSAMKEIT

Wir werden gerade eben Zeugen einer leuchtenden Gegenwart, in der genau das geschieht, was geschehen soll. Das, was wir sind und tun, ist wichtig, die Bewegung, die wir auslösen, der Spirit, den wir einbringen, aber nicht ich als Person. Es geht einzig und allein um die Liebe, die hier und jetzt durch mich hindurchfließen und dabei eine paradiesische Wirklichkeit erschaffen will.

Hier und jetzt tue ich, was getan werden muss.
Ich bin im Fluss der einen Bewegung.

52. Kennst du Augenblicke, in denen du ganz im Hier und Jetzt verweilst?

53. Kennst du auch Augenblicke, in denen du klar erkennst, was du jetzt zu tun hast?

54. Kennst du die Frage in dir: »Was will durch mich ins Leben kommen und durch mich wirken?«?

19. ACHTSAMKEIT

Achtsamkeit ist reine Gegenwärtigkeit. Einswerden mit dem Augenblick, Aufgehen im Hier und Jetzt. Im achtsamen Gewahrsein sind wir Zeugen des Augenblicks, Zeugen dessen, was ist. Achtsames Gewahrsein ist die innige Umarmung des Hier und Jetzt, ein liebevolles, vorurteilsfreies Annehmen dessen, was gerade geschieht.

*Durch Achtsamkeit öffne ich mich
der Energie des Augenblicks.*

55. Übst du Achtsamkeit im Alltag, im Gehen, im Essen, im Hören und Sehen ...?

56. Wirst du dir immer mehr gewahr, was im Inneren und im Äußeren gerade ist?

57. ES atmet in dir, ES singt in dir, ES wirkt in dir. Kennst du diese Erfahrung?

20. KONZENTRATION

Im Gegensatz zur Achtsamkeit, die in bedingungsloses Sein führt, steuert Konzentration dem Tun entgegen und nutzt dafür die vorhandenen Bedingungen. Mithilfe der Konzentration verlagern wir die höchste Vision in die Gegenwart. Im Hier und Jetzt aktivieren wir die Fähigkeiten, die wir für deren Verwirklichung brauchen, und schaffen die Basis für die notwendigen Schritte dorthin. Konzentration garantiert, dass wir in allem unser Bestes geben und optimalen Gebrauch machen von allen verfügbaren Ressourcen.

Durch Konzentration lenke ich
die Energie des Augenblicks.

58. Gelingt es dir, dich weder im Mangel noch in der Vergangenheit aufzuhalten, sondern deine Energie der Gegenwart voll und ganz zur Verfügung zu stellen?

59. Gelingt es dir ebenso, mit Entschiedenheit deine Kräfte auf deine höchste Vision hin zu bündeln?

60. Durch Konzentration kannst du in allem dein Bestes geben. Willst du das?

21. BALANCE

Der Weg in die Freiheit ist ein Weg auf Messers Schneide, ein beständiger Balanceakt zwischen Disziplin, Konzentration, Willensstärke und konsequentem Handeln einerseits und Absichtslosigkeit, Achtsamkeit, Sein, Vertrauen und Geschehen-Lassen andererseits. Gewinnen die aktiven Eigenschaften die Oberhand, arten sie in Kontrolle aus. Werden die passiven überbetont, bleibt unser Platz in der Welt unbesetzt.

Ich achte auf das Tun im Sein.

61. Achtest du auf die Balance im Tun und Lassen,

62. im Geben und Nehmen,

63. im Haben und Sein?

22. GEDULD

Geduld ist die Fähigkeit, sich ohne Kontrolle und ohne Druck, aber mit gelassener Bestimmtheit auf den »richtigen« Punkt hinzubewegen – auf jenen Kreuzpunkt von Raum, Zeit und Gelegenheit, an dem die Dinge perfekt zusammenpassen und sich Lösungen wie von selbst zu ergeben scheinen.

Ich überlasse mich der Ordnung der Liebe,
die mich zum richtigen Zeitpunkt
an den Ort meiner Bestimmung führt.

Es fängt an, wenn die Zeit reif ist.

64. Kannst du der Aussage: »Alles hat seine Zeit« zustimmen?

65. Kannst du in Geduld die Spannung zwischen Schon und Noch Nicht aushalten?

66. Kannst du aus eigener Erfahrung bestätigen: »ES ereignet sich, wenn die Zeit reif ist«?

Dritte Ebene

Soziale Intelligenz und kosmisches Bewusstsein

23. KOMMUNIKATION
24. FREUNDSCHAFT
25. MITGEFÜHL
26. TOLERANZ
27. WERTSCHÄTZUNG
28. HUMOR
29. FRIEDE
30. HINGABE
31. BEDINGUNGSLOSIGKEIT
32. FREIHEIT
33. DANKBARKEIT

23. KOMMUNIKATION

Kommunizieren meint: sich gegenseitig inspirieren, teilen. Die Energien fließen in natürlichem Austausch. Es ist ein Geben und Nehmen ohne Hintergedanken an mögliche Verluste, ohne Gier und ohne Verkrampfung. Wir sind nichts weiter als ein Spiegel füreinander – geschaffen, um im anderen unsere eigene Vollkommenheit zu erkennen. In jeder liebevollen Begegnung liegt eine Botschaft verborgen, die unsere Entwicklung vorantreibt.

Das Göttliche in mir
grüßt das Göttliche in dir.

67. Kennst du das Glück, einander im Geben und Nehmen begegnen zu können?

68. Hast du schon einmal erlebt, mit einem Menschen ein Herz und eine Seele zu sein?

69. Communicare bedeutet:
»gemeinsam das EINE pflegen!«
Hast du schon erfahren, dass sich daraus wunderbare Zufälle und geheimnisvolle Fügungen ereignen?

24. FREUNDSCHAFT

Wir öffnen uns der Wahrheit des Anderen und gewähren ihr Raum, während wir gleichzeitig der eigenen Wahrheit Ausdruck verleihen. Ein jeder befindet sich in Sicherheit – in seiner ureigenen Stärke. Gegenseitig hilft man sich, das höchste Potenzial zu heben.

Ich segne dich.

70. Kannst du in Freundschaften Verbindlichkeit leben?

71. Kannst du dem anderen geben, was du selbst für dich wünschst?

72. Lebst du in einer Freundschaft, in der Raum und höchste Entwicklung ist für beide?

25. MITGEFÜHL

Im Mitgefühl schwingen wir uns auf die Energie eines Menschen ein und werden für einen Augenblick eins mit ihm. Wir öffnen uns für die Wahrheit dieses Menschen, ohne seine Situation interpretieren zu wollen. Durch Mitgefühl tragen wir nicht nur zur Heilung anderer bei. In erster Linie heilen wir dadurch uns selbst. Letztendlich lehrt uns Mitgefühl, dass alles, was wir anderen geben, wir uns in Wirklichkeit selbst schenken.

Ich bin bei dir.
Ich verstehe dich.
Gemeinsam finden wir eine Lösung.

73. Berührt dich die Tatsache:
»Genau wie ich hat dieser Mensch schon Angst, Trauer, Einsamkeit und Verzweiflung erlebt.«?

74. Berührt dich die Haltung: »Genau wie ich möchte dieser Mensch Liebe geben und empfangen.«?

75. Berührt dich die Erkenntnis: »Genau wie ich ist dieser Mensch in seinem innersten Wesenskern Wahrheit, Liebe und Freude – nur das und nichts als das.«?

26. TOLERANZ

Es gibt nur einen Gott, und der ist allgegenwärtig. Es gibt nur ein Volk, und das ist die Menschheit. Es gibt nur eine Religion, die Religion der Liebe. Es gibt nur eine Sprache, die Sprache des Herzens. Der Intellekt sieht die Vielfalt. Die Intelligenz der Liebe aber erkennt die Einheit in der Vielfalt.

Ich bin offen für die Vielfalt,
in der ich die Einheit erkenne.

76. Kannst du mit Fremdem und Andersartigem ohne Beurteilung und Herabsetzung umgehen?

77. Faszinieren dich Weltanschauungen, Religionen, Sitten und Bräuche anderer Kulturen?

78. Bereichert dich die Erkenntnis, dass die Menschheit, will sie fortbestehen, der Vielfalt in der Einheit bedarf?

27. WERTSCHÄTZUNG

Die Welt ist ein Wunder. Wir werden diese Welt aber erst dann vollständig erfahren, wenn wir wertzuschätzen lernen. Nur durch Wertschätzung können wir Betrachtetes in seiner Wahrheit erspüren, ohne das Eigentliche durch Urteil oder Projektion zu entstellen. Nur mit den Augen der Liebe können wir ES erfahren – in jedem Menschen, der uns begegnet, und in allem, was in unser Leben tritt.

Ich würdige und genieße die Welt,
jeden Menschen,
jedes Wesen, jedes Ding
und jede Situation.

79. Vermagst du mit den Augen der Liebe die Welt zu betrachten und dieses Schauen mit anderen zu teilen?

80. Vermagst du die Würde in dir und in jedem Menschen wahrzunehmen?

81. Vermagst du, die dem Leben innewohnende Gestaltungs- und Heilkraft zu sehen und wertzuschätzen?

28. HUMOR

Humor ist die königliche Eigenschaft, die Unvollkommenheiten der Existenz mit einem wohlwollenden Lächeln zu umarmen und in den Schattenseiten des Lebens den Glanz der Vollkommenheit zu entdecken. Echter Humor geht immer mit Wertschätzung einher. Er gründet auf dem Wissen, dass sich alles in einem ständigen Wandel befindet, jede Situation vergänglich und nichts von Dauer ist.

Vollkommen unvollkommen
lacht mich – ha! – das Leben an.
Hinter jeder Schwäche
versteckt sich eine Herzensgabe.

82. Kannst du leichten Herzens deine Unvollkommenheit annehmen?

83. Kannst du offen und herzhaft lachen und darin die verbindende und friedenstiftende Kraft entdecken?

84. Kannst du im Wissen um den ständigen Wandel mit Heiterkeit und Humor ins Offene gehen?

29. FRIEDE

Jede Veränderung – und mag sie noch so klein sein – beeinflusst auch das Ganze und hat daher eine universale, kosmische Wirkung.

Wenn wir aktiv am Ganzen teilhaben, teilen und uns mitteilen, füreinander da sind und uns einfach an den Händen halten, wenn wir ausnahmslos an jedes Geschöpf unsere Liebe verströmen, dann holen wir den Himmel auf die Erde.

Durch meinen inneren Frieden
trage ich
zum äußeren Frieden bei.

85. Sehnst du dich nach Frieden in dir selbst?

86. Bereitest du dem Frieden in deiner Umgebung einen Weg?

87. Bist du dir bewusst, dass der Friede der Welt bei dir anfängt?

30. HINGABE

Hingabe bindet mein ganzes Tun und Sein an die Liebe.

Ich
Ich bin.
Ich bin Liebe.
Ich öffne mich der Liebe.
Ich überlasse mich vollständig der Liebe.
Ich lenke Liebe in all mein Sein und Tun.
Ich liebe, also bin ich.
Amo ergo sum.
Ich bin.
Ich

88. Gelingt es dir, dich voller Hingabe einer Aufgabe zu widmen?

89. Gelingt es dir immer mehr, dein Ego zum Schmelzen zu bringen und dich der Liebe hinzugeben?

90. Wie stark ist deine Liebe zum Leben und zu allem, was lebt?

31. BEDINGUNGSLOSIGKEIT

Jedes Mal, wenn wir uns von bedingungsloser Liebe erfüllen lassen, vollführt die Liebe einen Quantensprung mit uns – und wir lieben alle anderen, so wie sie sind.

Ich liebe dich, wie du bist.
Ich ehre deine Entscheidungen.
Ich würdige deine Gedanken und Handlungen.
Ich weiß, dass es wichtig ist, dass du genau
der Mensch bist, der du sein möchtest.
Ich unterstütze dich darin,
dieser Mensch zu sein – frei zu sein.

91. Kannst du lieben ohne Wenn und Aber?

92. Kannst du dir ein Lieben vorstellen ohne Verstrickung, ohne Neid, ohne Hass, ohne Eifersucht, ohne Negativität?

93. Kannst du lieben um der Liebe willen?

32. FREIHEIT

Einem freien, ganzen Menschen stehen alle Bewusstheitsebenen offen. Für ihn gibt es keine verschlossenen Türen mehr. Er bewegt sich frei zwischen diesen Ebenen und verfügt über das gesamte Spektrum des Bewusstseins. Er hat keine Gruppenanweisungen und keinen moralischen Sittenkodex mehr nötig. Aufs Engste verbunden mit der Wahrheit, folgt er seinen eigenen inneren Impulsen. Er ist frei von Angst und Trennung.

Mein innerster Kern ist frei.
Hier und jetzt.
Immer und überall.
In der allumfassenden Liebe bin ich frei.

94. Hast du das Gefängnis von Entweder-Oder überwunden und genießt die Freiheit des Sowohl-als-auch?

95. Weißt du um Gelingen und Glück freier Bindungen?

96. Sind dir Augenblicke absoluter, grenzenloser Freiheit schon zuteil geworden?

33. DANKBARKEIT

Dankbarkeit öffnet mir die Augen für den Reichtum und die Schönheit der Welt, für die Vollkommenheit des Selbst. Dankbarkeit lässt dich erkennen, was du wirklich hast. Es ist nicht so, wie du vielleicht bisher glaubtest, dass du zuerst haben musst, um letztlich dafür dankbar sein zu können. Nein, es verhält sich genau umgekehrt. Es ist die Dankbarkeit, die dich bereit macht zu empfangen.

Ich bin dankbar.
Dankbar für das Geschenk des Lebens.
Dankbar für das Erkennen, das mir zuteil wird.
Dankbar für die Lebenskraft und die allumfassende
Liebe, mit der ich in jedem Augenblick
verbunden bin.

97. »Dankbarkeit ist die Kunst des Empfangens!« Bist du ein empfänglicher Mensch?

98. Kannst du Schönem und Schwerem, Glück und Leid, Süßem und Bitterem Dank entgegenbringen?

99. Tönt in dir das Lied der Dankbarkeit hier und jetzt, immer und überall?

»Du liebst das Leben
und
das Leben liebt dich!«

Herzenstest – Auswertungsbogen

1.
2.
3.
4.
5.
6.
7.
8.
9.
10.
11.
12.
13.
14.
15.
16.
17.
18.
19.
20.
21.
22.
23.
24.
25.
26.
27.
28.
29.
30.
31.
32.
33.
34.
35.
36.
37.
38.
39.
40.
41.
42.
43.
44.
45.
46.
47.
48.

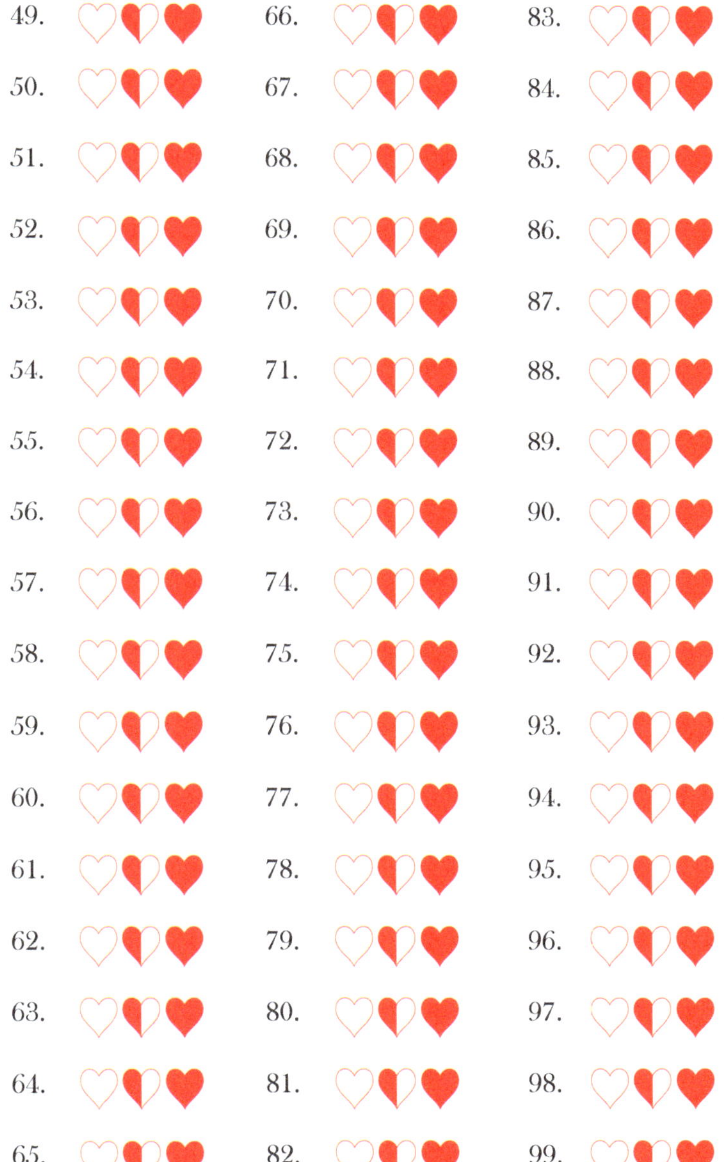
49.
50.
51.
52.
53.
54.
55.
56.
57.
58.
59.
60.
61.
62.
63.
64.
65.
66.
67.
68.
69.
70.
71.
72.
73.
74.
75.
76.
77.
78.
79.
80.
81.
82.
83.
84.
85.
86.
87.
88.
89.
90.
91.
92.
93.
94.
95.
96.
97.
98.
99.

Einsicht

Bis zu 33 Herzen:
Du bist bereit, dich der Intelligenz des Herzens zu öffnen, und Liebe zu dir und dem Leben sind die Früchte, die du ernten darfst. Der Ruf des Lebens tönt in dir und deine Sehnsucht nach einem erfüllten Leben trägt dich weiter. Fügungen und Wunder werden sich ereignen und die Symphonie der Großen Ordnung wartet auf dein Einstimmen.

Bis zu 66 Herzen:
Das Wunder Liebe wächst in dir in allen ihren Facetten. Dein Herz ist wachgeküsst und jubelt über seine Lebendigkeit. Du bist verortet in deiner Mitte und weißt um den großen Zusammenhang, in dem du stehst. Du folgst der Weisung in dir und bringst dich mit deinem Potenzial da ein, wo du bist. Ständige Übung ist dir ein Bedürfnis.

Bis zu 99 Herzen:
Deine Liebe ist in voller Blüte, dein Herz weit und offen wie der Himmel und du bist im Kontakt mit der universalen Lebensintelligenz. Ko-kreativ trägst du deinen Teil zur schöpferischen Ordnung des Ganzen bei und wirst reich belohnt. Innere Freude und Leichtigkeit erfüllen dich, und die allumfassende Liebe wird dich weiterhin leiten. Du leistest einen wichtigen Beitrag zur Herzöffnung der Menschheit, zu einer Kultur des Herzens.

Die Autoren

Dr. Christina Kessler,
Ethnologin, Kulturanthropologin, Soziologin und Religionswissenschaftlerin, Begründerin der Philosophie AMO ERGO SUM
www.christinakessler.com
info@christinakessler.com

Publikationen:

amo ergo sum – ich liebe, also bin ich.
Der Weg in eine neue Wirklichkeit.
edition amo ergo sum. Berlin 2016.
Auch als Hörbuch erhältlich.

amo ergo sum – Das Arbeitsbuch. 2005.
Heyne Verlag

amo ergo sum – Meditationen. Doppel-CD. 2005

Herzensqualitäten. Die Intelligenz der Liebe.
edition amo ergo sum; Berlin. 2016.

Wilder Geist Wildes Herz – Kompass in stürmischen Zeiten. 2010. Verlag Kamphausen

Birgitt Knubben, Ehe-Familien-Lebensberaterin, Ausbildung in Sakralem Tanz, Atem- und Energiearbeit

Werner Knubben, Diakon, Seelsorger, Supervisor (DGfP)

Beide: Consultants for Interconnective Development (CID), Beraterin/Berater für Selbstrealisation und Bewusstseins-Entwicklung nach Dr. Christina Kessler

Publikationen:

Du bist ein Geschenk – Meditationen zu Schwangerschaft und Geburt. Freiburg 1986

Von mir da drinnen – Ein Bilderbuch vom Leben im Bauch der Mutter (mit Illustrationen Judith Kösel). Freiburg 1988, Leipzig 1989

Werner Knubben: Der werfe den ersten Stein – was nicht im Mordprotokoll steht. Freiburg 1984